Impressum
Verlag: BABADADA GmbH, Nedderfeld 112 , 22529 Hamburg
Geschäftsführer / Verlagsleitung: Harald Hof
Druck: Books on Demand GmbH, In de Tarpen 42, 22848 Norderstedt

Imprint
Publisher: BABADADA GmbH, Nedderfeld 112 , 22529 Hamburg, Germany
Managing Director / Publishing direction: Harald Hof
Print: Books on Demand GmbH, In de Tarpen 42, 22848 Norderstedt, Germany

school
škola

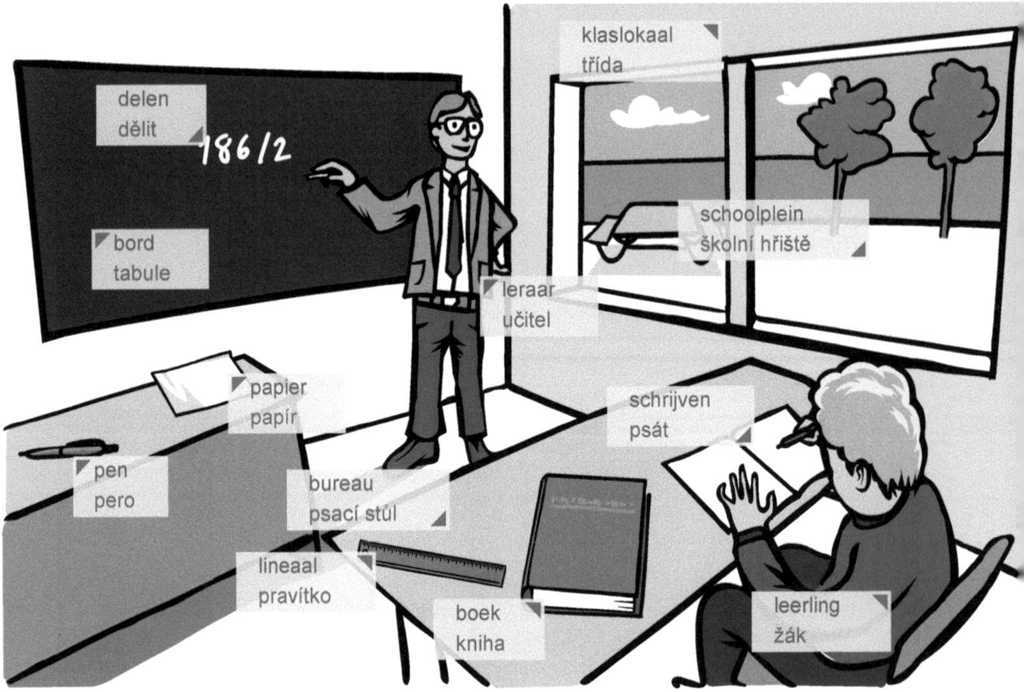

klaslokaal
třída
delen
dělit
186/2
bord
tabule
schoolplein
školní hřiště
leraar
učitel
papier
papír
schrijven
psát
pen
pero
bureau
psací stůl
lineaal
pravítko
boek
kniha
leerling
žák

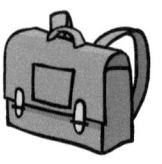

schooltas

aktovka

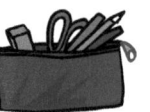

etui

penál

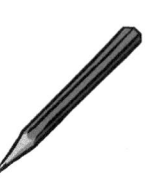

potlood

tužka

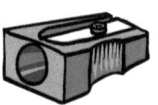

puntenslijper

ořezávátko

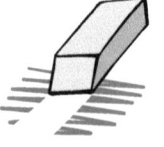

gum

guma

schetsblok

blok na kreslení

tekening

výkres

penseel

štětec

verfdoos

malířské potřeby

schaar

nůžky

lijm

lepidlo

schrift

cvičebnice

huiswerk

domácí úkol

getal

počet

optellen

sčítat

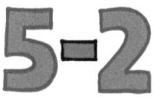

aftrekken

odčítat

vermenigvuldigen

násobit

rekenen

počítat

letter

písmeno

alfabet

abeceda

woord

slovo

tekst

text

lezen

číst

krijt

křída

les

hodina

klassenboek

třídní kniha

examen

zkouška

diploma

vysvědčení

schooluniform

školní uniforma

opleiding

vzdělání

encyclopedie

encyklopedie

universiteit

univerzita

microscoop

mikroskop

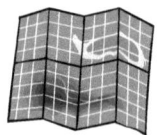

kaart

karta

prullenmand

odpadkový koš na papír

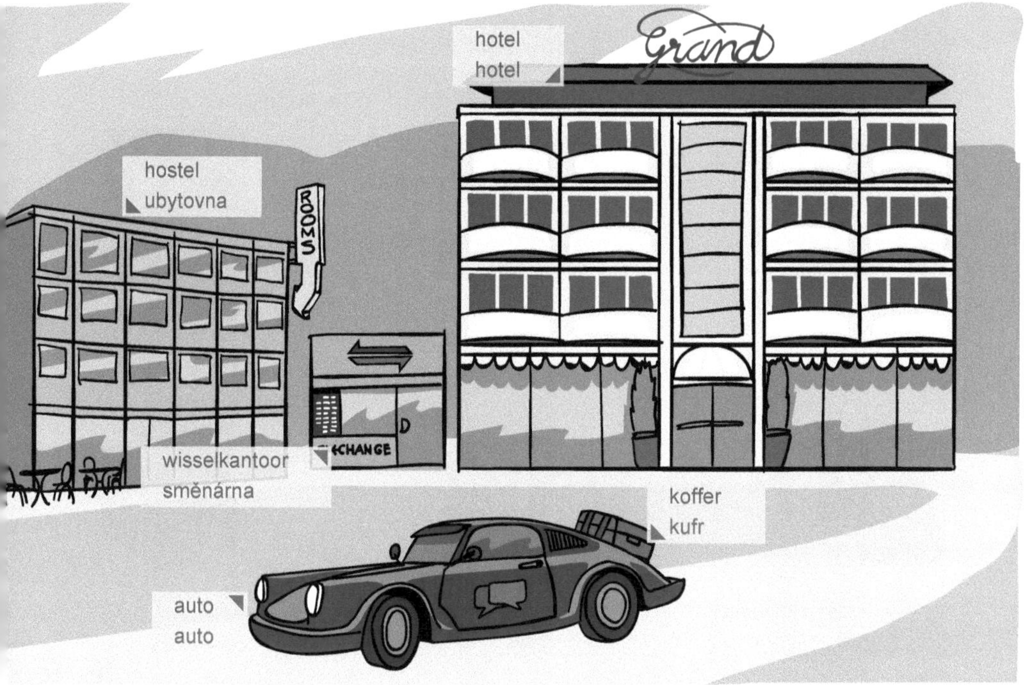

hotel
hotel

Grand

hostel
ubytovna

ROOMS

wisselkantoor
směnárna

ÉCHANGE

koffer
kufr

auto
auto

taal
jazyk

ja / nee
ano / ne

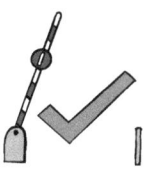

oké
oukej

Hallo!
Ahoj!

tolk
překladatel

Bedankt.
děkuji

Wat kost ...?

Kolik stojí...?

Ik begrijp het niet.

nerozumím

probleem

problém

Goedenavond!

Dobrý večer!

Goedemorgen!

Dobré ráno!

Goedenacht!

Dobrou noc!

Tot ziens!

na shledanou

richting

směr

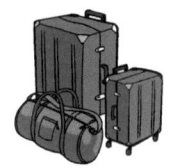

bagage

zavazadlo

tas

taška

rugzak

batoh

gast

host

kamer

pokoj

slaapzak

spací pytel

tent

stan

reis - cesta

VVV-kantoor

turistické informace

strand

pláž

creditkaart

kreditní karta

ontbijt

snídaně

lunch

oběd

diner

večeře

kaartje

jízdenka

lift

výtah

postzegel

poštovní známka

grens

hranice

douane

clo

ambassade

poselství

visum

vízum

paspoort

pas

reis - cesta

transport

transport

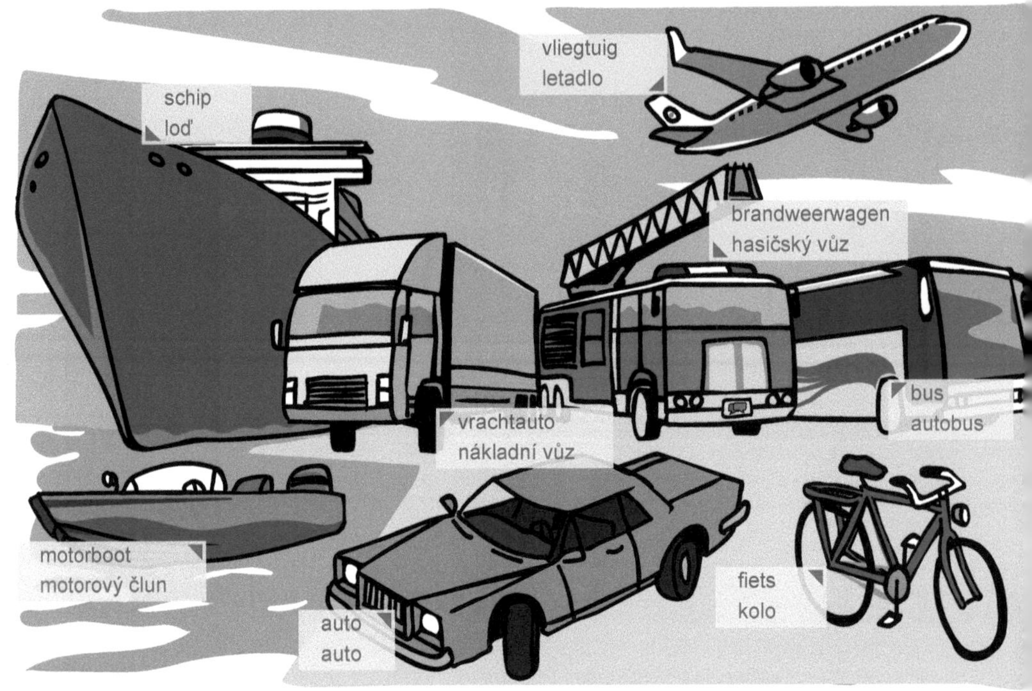

vliegtuig
letadlo
schip
loď
brandweerwagen
hasičský vůz
bus
autobus
vrachtauto
nákladní vůz
motorboot
motorový člun
fiets
kolo
auto
auto

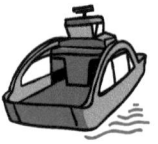

veerboot

přívoz

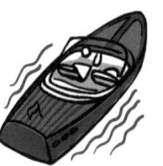

boot

člun

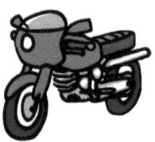

motorfiets

motorka

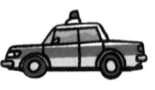

politiewagen

policejní auto

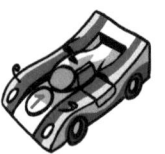

raceauto

závodní auto

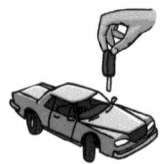

huurauto

pronajaté auto

carsharing

sdílení aut

takelwagen

odtahová služba

vuilniswagen

popelářský vůz

motor

motor

benzine

palivo

benzinepomp

čerpací stanice

verkeersbord

dopravní značka

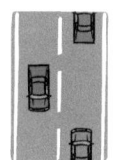

verkeer

doprava

file

dopravní zácpa

parkeerplaats

parkoviště

station

vlakové nádraží

rails

koleje

trein

vlak

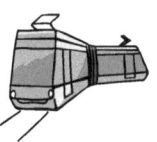

tram

tramvaj

wagon

vagón

helikopter

helikoptéra

luchthaven

letiště

toren

věž

passagier

pasažér

container

kontejner

verhuisdoos

kartón

kar

trakař

mand

koš

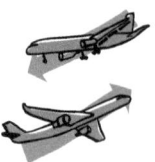

opstijgen / landen

vzlétnout / přistát

stad

město

dorp

vesnice

stadscentrum

střed města

huis

dům

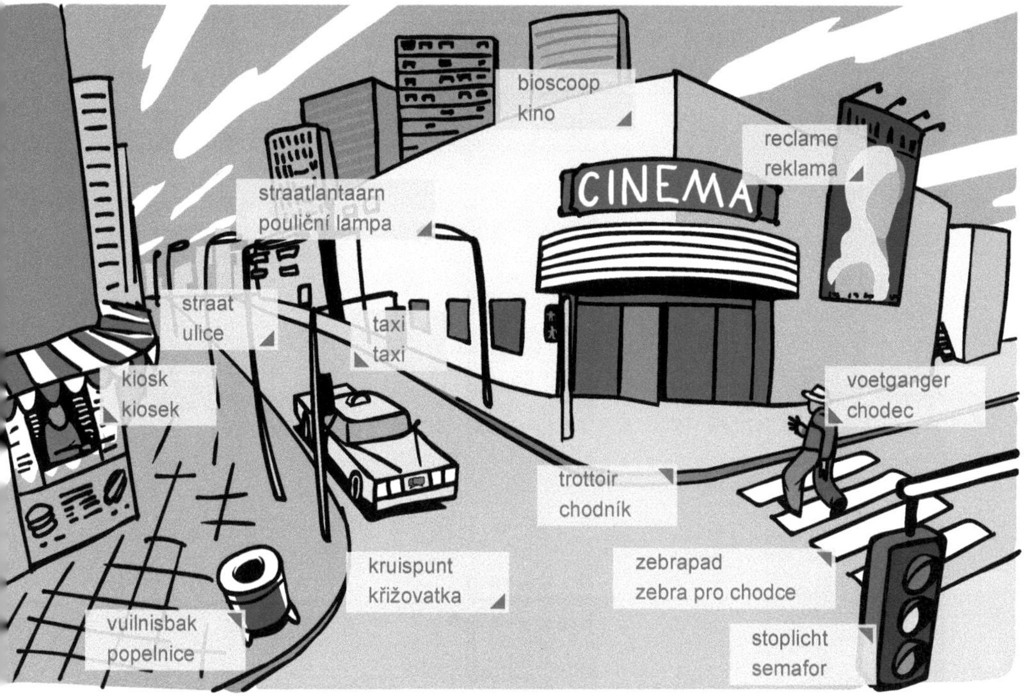
bioscoop
kino
reclame
reklama
CINEMA
straatlantaarn
pouliční lampa
straat
ulice
taxi
taxi
kiosk
kiosek
voetganger
chodec
trottoir
chodník
kruispunt
křižovatka
zebrapad
zebra pro chodce
vuilnisbak
popelnice
stoplicht
semafor

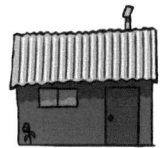

hut

chata

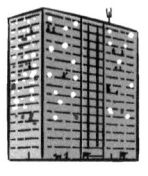

appartement

byt

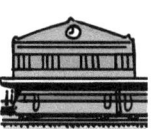

station

vlakové nádraží

stadhuis

radnice

MUSEUM

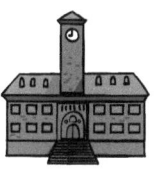

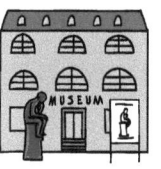

museum

muzeum

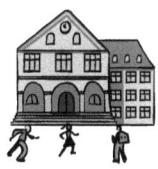

school

škola

| universiteit | bank | ziekenhuis |
| univerzita | banka | nemocnice |

| hotel | apotheek | kantoor |
| hotel | lékárna | kancelář |

| boekenwinkel | winkel | bloemenwinkel |
| knihkupectví | obchod | květinářství |

| supermarkt | markt | warenhuis |
| supermarket | tržnice | obchodní dům |

| visboer | winkelcentrum | haven |
| rybárna | nákupní centrum | přístav |

stad - město

park

park

bank

lavička

brug

most

trap

schody

metro

metro

tunnel

tunel

bushalte

autobusová zastávka

bar

bar

restaurant

restaurace

brievenbus

poštovní schránka

straatnaambord

pouliční tabule

parkeermeter

parkovací hodiny

dierentuin

zoo

zwembad

plovárna

moskee

mešita

boerderij

usedlost

vervuiling

znečišťování životního prostředí

begraafplaats

hřbitov

kerk

církev

speelplaats

hřiště

tempel

chrám

landschap
krajina

blad
list

wegwijzer
rozcestník

weg
cesta

weide
louka

steen
kámen

wandelaar
turista

boom
strom

rivier
řeka

gras
tráva

bloem
květina

vallei

údolí

berg

hora

meer

jezero

bos

les

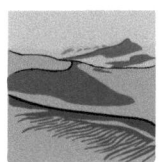

woestijn

poušť

vulkaan

sopka

kasteel

zámek

regenboog

duha

paddenstoel

houba

palmboom

palma

mug

komár

vlieg

moucha

mier

mravenec

bij

včela

spin

pavouk

kever

brouk

kikker

žába

eekhoorn

veverka

egel

ježek

haas

zajíc

uil

sova

vogel

pták

zwaan

labuť

wild zwijn

divoké prase

hert

jelen

eland

los

stuwdam

přehrada

windmolen

větrné kolo

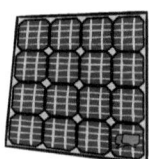

zonnepaneel

solární panel

klimaat

podnebí

restaurant
restaurace

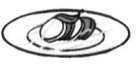

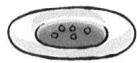

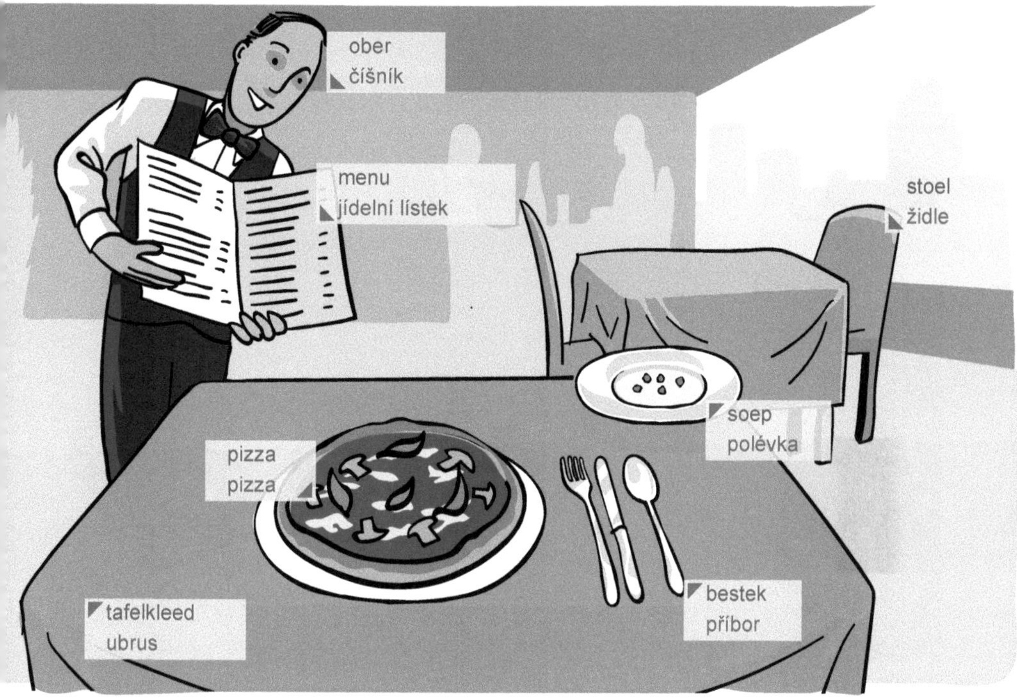
ober
číšník
menu
jídelní lístek
stoel
židle
soep
polévka
pizza
pizza
tafelkleed
ubrus
bestek
příbor

voorgerecht
předkrm

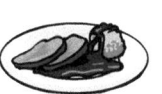

hoofdgerecht
hlavní chod

toetje
dezert

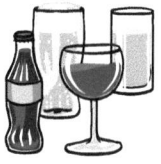

dranken
nápoje

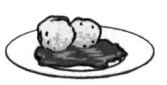

eten
jídlo

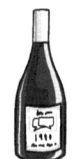

fles
láhev

fastfood

rychlé občerstvení

eetkraampje

pouliční občerstvení

theepot

čajová konvice

suikerpot

cukřenka

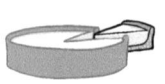

portie

porce

espressomachine

kávovar na espresso

kinderstoel

dětská stolička

rekening

faktura

dienblad

tác

mes

nůž

vork

vidlička

lepel

lžíce

theelepel

čajová lyžička

servet

ubrousek

glas

sklenička

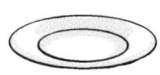

bord

talíř

soepbord

talíř na polévku

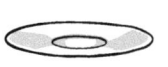

schotel

podšálek

saus

omáčka

zoutvaatje

slánka

pepermolen

mlýnek na pepř

azijn

ocet

olie

olej

kruiden

koření

ketchup

kečup

mosterd

hořčice

mayonaise

majonéza

supermarkt
supermarket

aanbieding
nabídka
FOR
klant
zákazník
zuivelproducten
mléčné výrobky
fruit
ovoce
winkelwagen
nákupní vozík

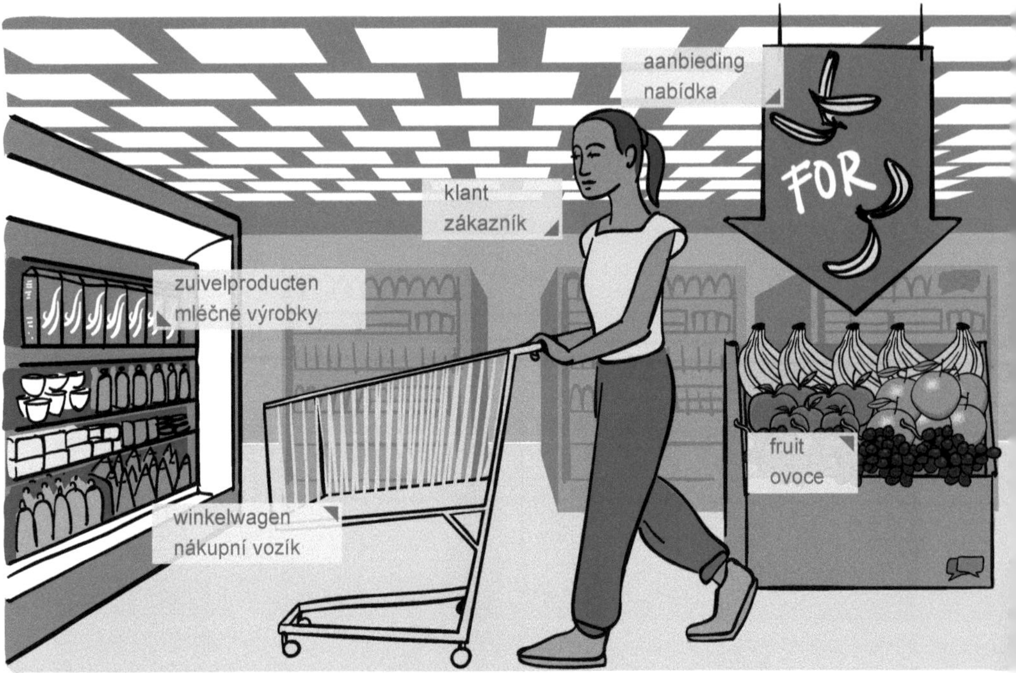

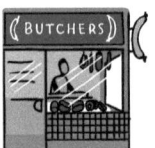

BUTCHERS

slager
masna

BAKERY

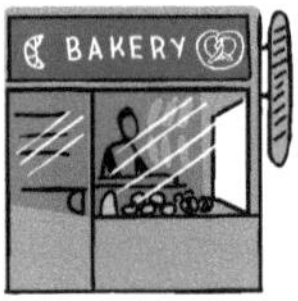

bakkerij
pekařství

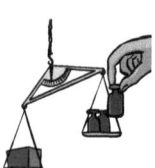

wegen
vážit

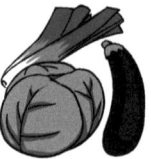

groente
zelenina

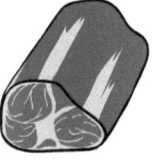

vlees
maso

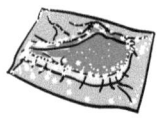

diepvriesproducten
mražené potraviny

vleeswaren

obložený talíř

conserven

konzervy

wasmiddel

prací prášek

snoepgoed

cukrovinky

huishoudelijke artikelen

výrobky pro domácnost

schoonmaakmiddel

čisticí prostředek

verkoopster

prodavačka

kassa

pokladna

kassier

pokladní

boodschappenlijstje

nákupní seznam

openingstijden

otevírací doba

portefeuille

peněženka

creditkaart

kreditní karta

tas

taška

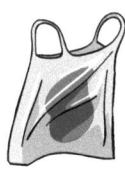

plastic zak

igelitová taška

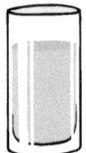

water
voda

sap
džus

melk
mléko

cola
kola

wijn
víno

bier
pivo

alcohol
alkohol

chocolademelk
kakao

thee
čaj

koffie
káva

espresso
espresso

cappuccino
kapučíno

banaan

banán

appel

jablko

sinaasappel

pomeranč

watermeloen

meloun

citroen

citrón

wortel

mrkev

knoflook

česnek

bamboe

bambus

ui

cibule

paddenstoel

houba

noten

ořechy

pasta

těstoviny

spaghetti

špageti

rijst

rýže

salade

salát

friet

hranolky

gebakken aardappelen

americké brambory

pizza

pizza

hamburger

hamburger

sandwich

sendvič

schnitzel

řízek

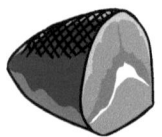

ham

šunka

salami

salám

worst

salám

kip

kuře

gebraad

pečeně

vis

ryby

havermout
ovesné vločky

muesli
müsli

cornflakes
vločky

meel
mouka

croissant
croissant

broodjes
houska

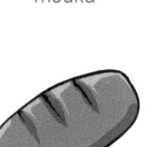

brood
chléb

toast
toast

koekjes
sušenky

boter
máslo

kwark
tvaroh

taart
buchta

ei
vejce

gebakken ei
volské oko

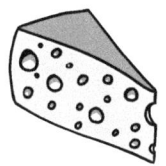

kaas
sýr

ijs
....
zmrzlina

suiker
....
cukr

honing
....
med

jam
....
marmeláda

chocoladepasta
....
nugátový krém

kerrie
....
kari

boerderij
usedlost

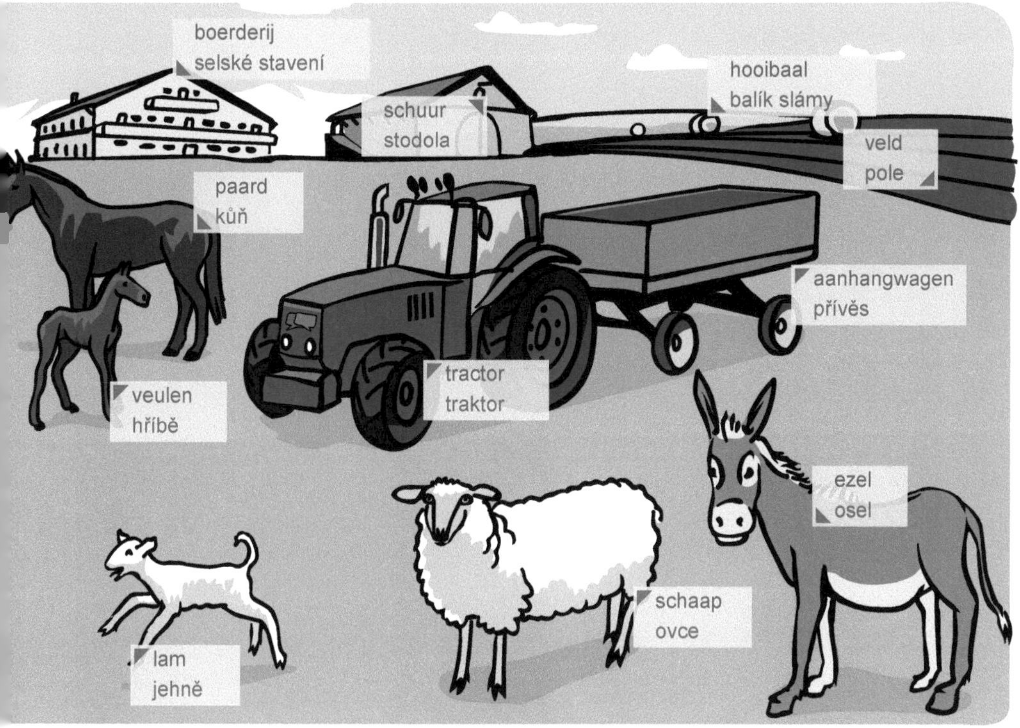
boerderij
selské stavení
schuur
stodola
hooibaal
balík slámy
veld
pole
paard
kůň
aanhangwagen
přívěs
veulen
hříbě
tractor
traktor
ezel
osel
schaap
ovce
lam
jehně

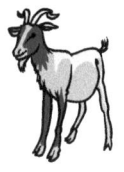

geit
koza

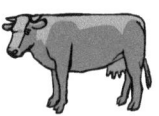

koe
kráva

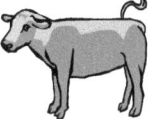

kalf
tele

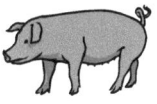

varken
prase

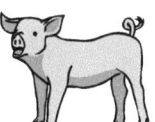

big
sele

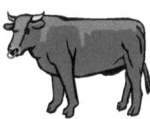

stier
býk

gans

husa

eend

kachna

kuiken

kuře

kip

slepice

haan

kohout

rat

krysa

kat

kočka

muis

myš

os

vůl

hond

pes

hondenhok

psí bouda

tuinslang

zahradní hadice

gieter

kropicí konev

zeis

kosa

ploeg

pluh

sikkel
srp

schoffel
motyka

hooivork
vidle

bijl
sekera

kruiwagen
kolecko

trog
koryto

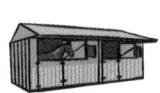

melkbus
konev na mléko

zak
pytel

hek
plot

stal
stáj

broeikas
skleník

grond
půda

zaad
osivo

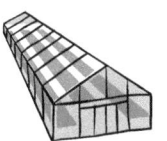

mest
hnojivo

maaidorser
kombajn

oogsten

sklidit

oogst

sklizeň

yam

smldinec

tarwe

pšenice

soja

sója

aardappel

brambora

maïs

kukuřice

koolzaad

řepka

fruitboom

ovocný strom

maniok

maniok

granen

obilí

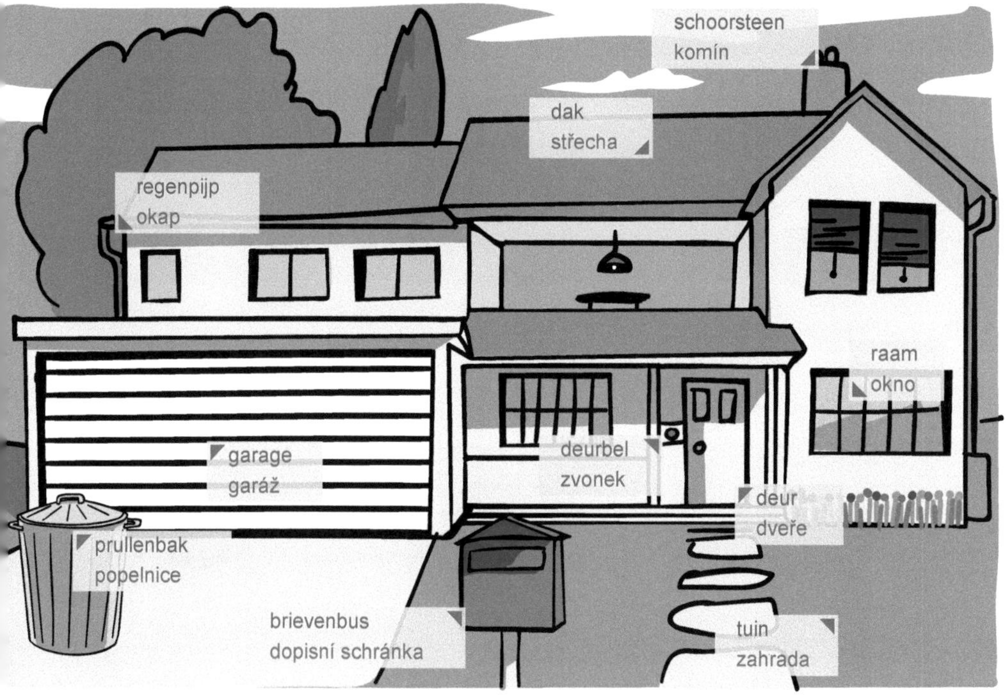

schoorsteen
komín

dak
střecha

regenpijp
okap

raam
okno

garage
garáž

deurbel
zvonek

deur
dveře

prullenbak
popelnice

brievenbus
dopisní schránka

tuin
zahrada

woonkamer

obývací pokoj

badkamer

koupelna

keuken

kuchyně

slaapkamer

ložnice

kinderkamer

dětský pokoj

eetkamer

jídelna

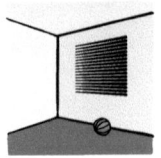

vloer

podlaha

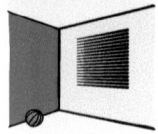

muur

zeď

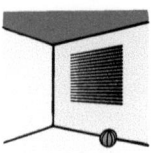

plafond

deka

kelder

sklep

sauna

sauna

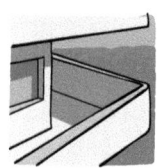

balkon

balkón

terras

terasa

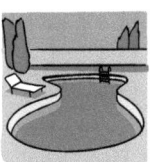

zwembad

bazén

grasmaaier

sekačka na trávu

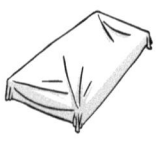

laken

ložní prádlo

bedsprei

lůžková přikrývka

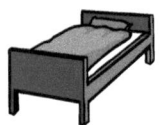

bed

postel

bezem

smeták

emmer

kýbl

schakelaar

vypínač

woonkamer
obývací pokoj

behang
tapeta
foto
obrázek
lamp
žárovka
plank
police
kast
skříň
televisie
televizor
open haard
komín
bloem
květina
kussen
polštář
bankstel
gauč
vaas
váza
afstandsbediening
dálkový ovladač

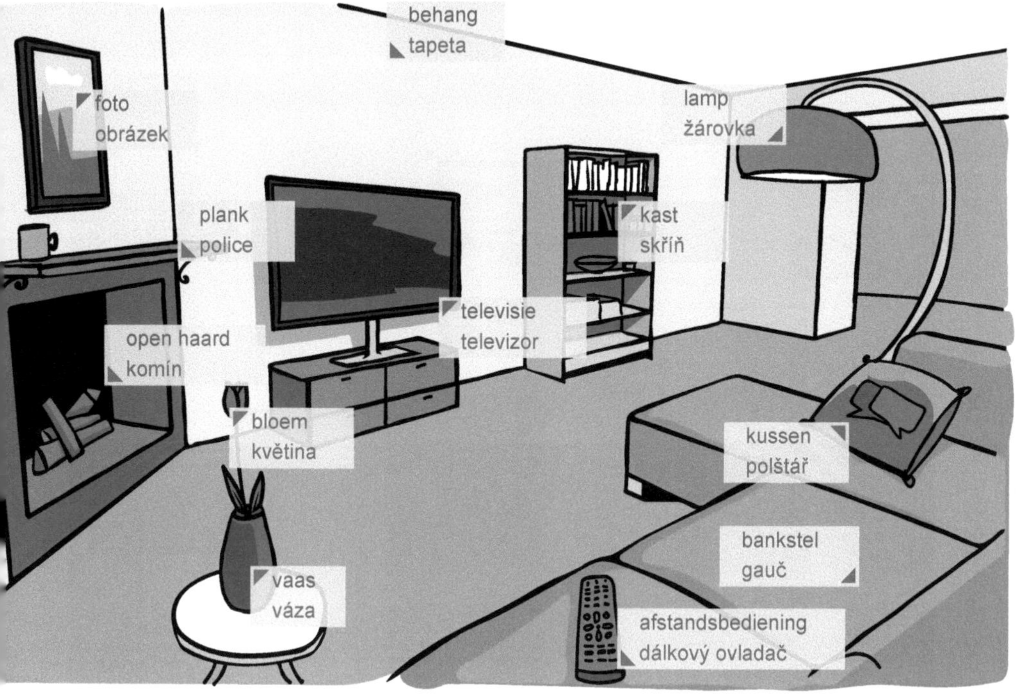

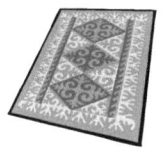

tapijt
koberec

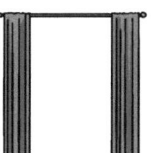

gordijn
závěs

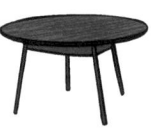

tafel
stůl

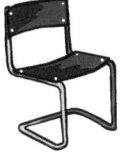

stoel
židle

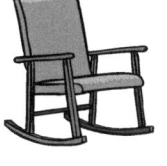

schommelstoel
houpací křeslo

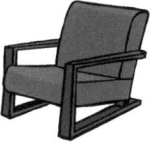

stoel
křeslo

boek

kniha

deken

strop

decoratie

ozdoba

brandhout

palivové dříví

film

film

stereo-installatie

stereo souprava

sleutel

klíč

krant

noviny

schilderij

malba

poster

plakát

radio

rádio

kladblok

poznámkový blok

stofzuiger

vysavač

cactus

kaktus

kaars

svíce

keuken
kuchyně

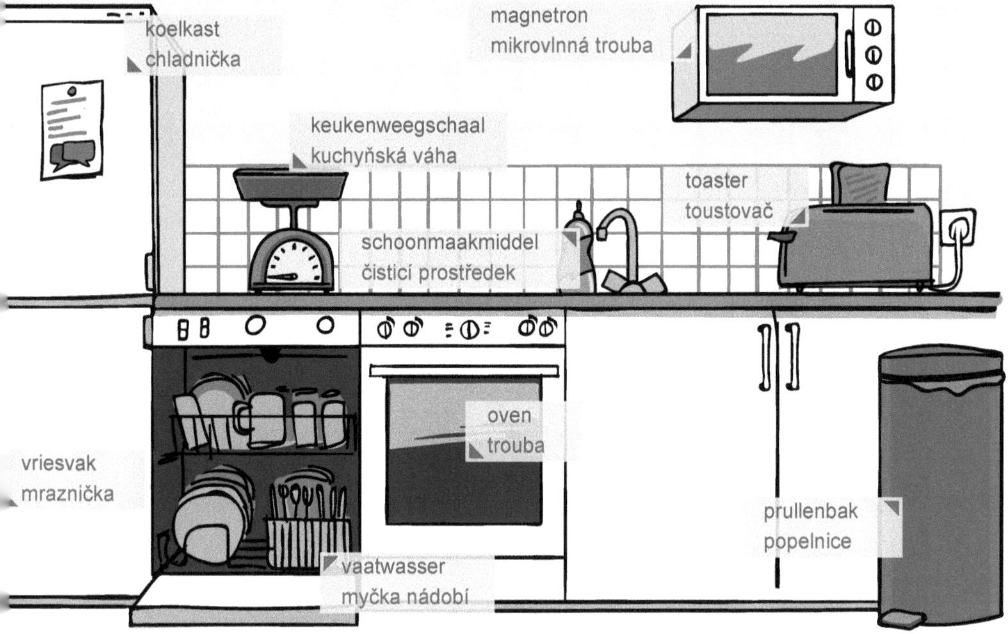
koelkast
chladnička
magnetron
mikrovlnná trouba
keukenweegschaal
kuchyňská váha
toaster
toustovač
schoonmaakmiddel
čisticí prostředek
oven
trouba
vriesvak
mraznička
prullenbak
popelnice
vaatwasser
myčka nádobí

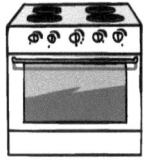

fornuis

sporák

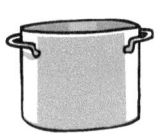

pan

hrnec

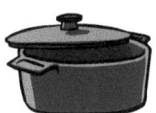

gietijzeren pan

litinový hrnec

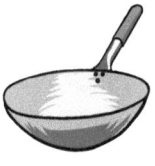

wok / kadai

wok / kadai

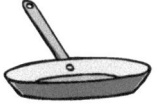

koekenpan

pánev

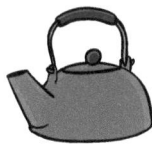

ketel

varná konvice

stoomkoker

parní hrnec

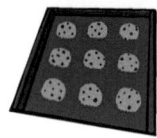

bakplaat

plech na pečení

servies

nádobí

beker

hrnek

kom

miska

eetstokjes

jídelní hůlky

soeplepel

naběračka

spatel

obracečka

garde

metla

vergiet

síto

zeef

cedník

rasp

struhadlo

vijzel

hmoždíř

barbecue

gril

vuurhaard

ohniště

snijplank

prkénko na krájení

deegroller

váleček na těsto

kurkentrekker

vývrtka

blik

dóza

blikopener

otvírák na konzervy

pannenlap

chňapka

wasbak

umyvadlo

borstel

kartáč na nádobí

spons

houba

blender

mixér

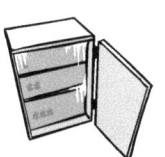

vriezer

mrazák

babyflesje

dětská lahev

kraan

kohoutek

badkamer
koupelna

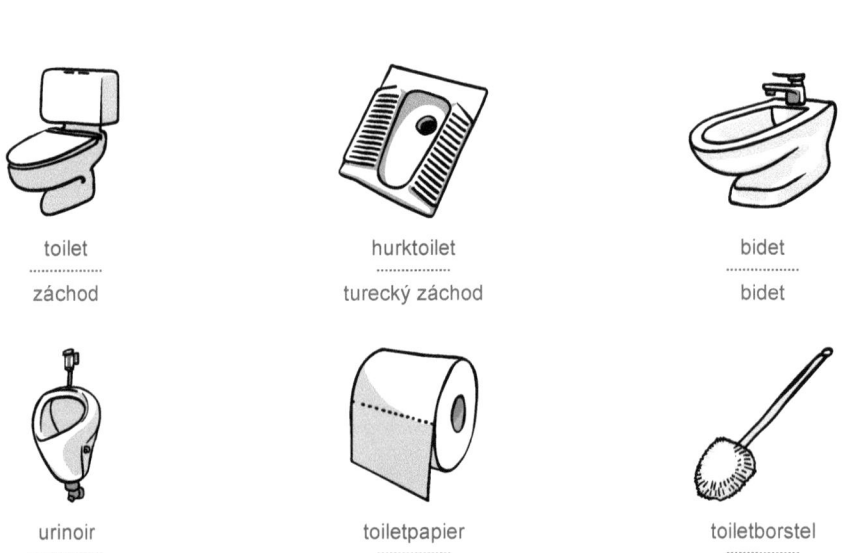

verwarming
topení
douche
sprcha
handdoek
ručník
douchegordijn
sprchový závěs
bubbelbad
pěnová koupel
bad
vana
glas
sklenička
wasmachine
pračka
kraan
kohoutek
tegels
obkladačky
potje
nočník
wasbak
umyvadlo

toilet

záchod

hurktoilet

turecký záchod

bidet

bidet

urinoir

pisoár

toiletpapier

toaletní papír

toiletborstel

záchodová štětka

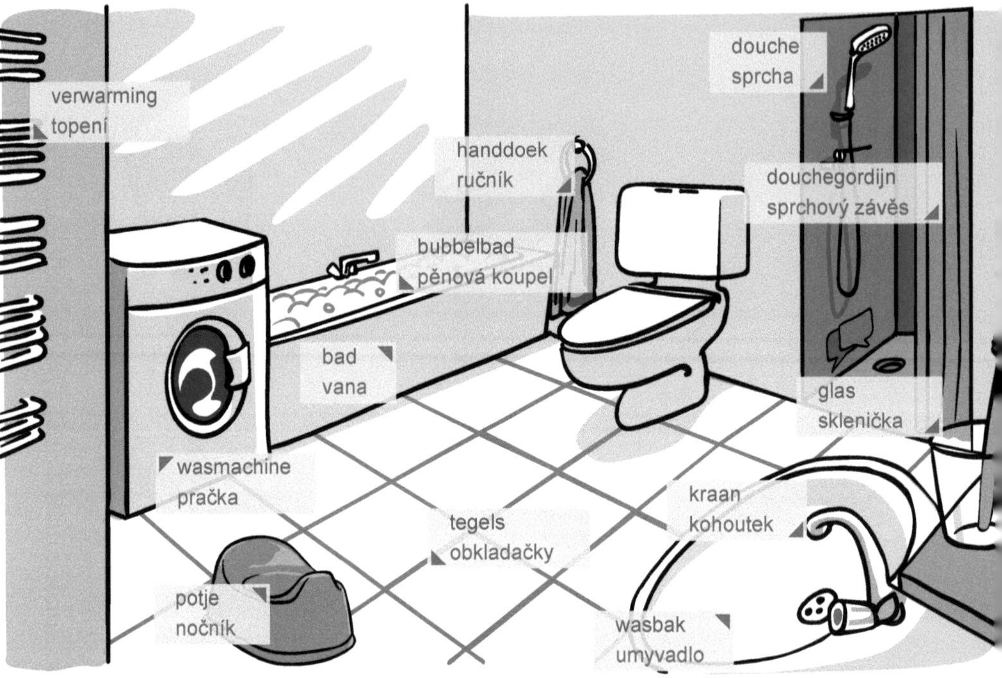

tandenborstel

zubní kartáček

tandpasta

zubní pasta

flosdraad

zubní niť

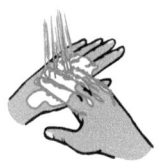

wassen

mýt

handdouche

ruční sprcha

toiletdouche

intimní sprcha

waskom

umyvadlo

rugborstel

kartáč na záda

zeep

mýdlo

douchegel

sprchový gel

shampoo

šampón

washanje

žínka

afvoer

odpad

creme

krém

deodorant

deodorant

spiegel

zrcadlo

make-upspiegel

kosmetické zrcátko

scheermes

holicí strojek

scheerschuim

pěna na holení

aftershave

voda po holení

kam

hřeben

borstel

kartáč

haardroger

fén

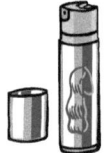

haarspray

lak na vlasy

make-up

makeup

lippenstift

rtěnka

nagellak

lak na nehty

watten

vata

nagelschaartje

nůžky na nehty

parfum

parfém

toilettas
....
ška s toaletními potřebami

kruk
....
stolička

weegschaal
....
váha

badjas
....
župan

rubber handschoenen
....
gumové rukavice

tampon
....
tampón

maandverband
....
dámská vložka

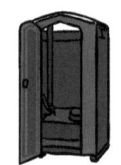

chemisch toilet
....
chemická toaleta

kinderkamer
dětský pokoj

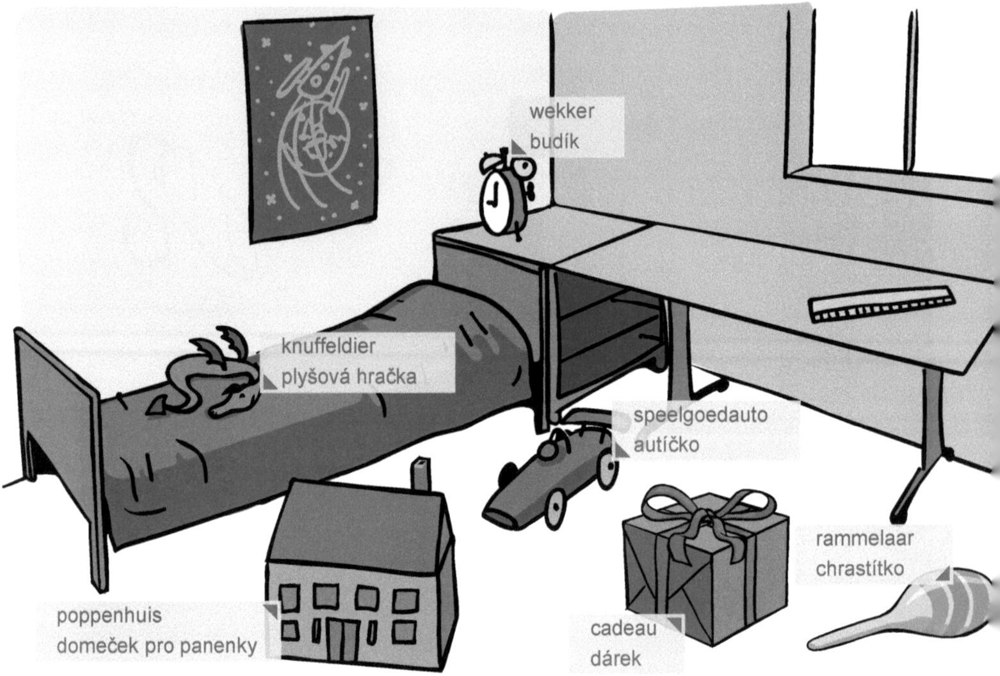
wekker
budík
knuffeldier
plyšová hračka
speelgoedauto
autíčko
rammelaar
chrastítko
poppenhuis
domeček pro panenky
cadeau
dárek

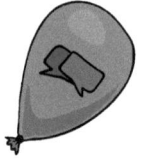

ballon

balón

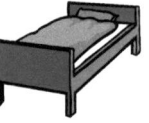

bed

postel

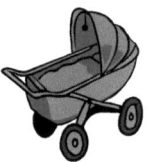

kinderwagen

kočárek

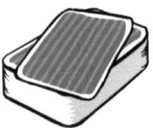

kaartspel

balíček karet

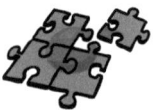

puzzel

puzzle

stripverhaal

komiks

legostenen

lego kostky

speelgoedblokken

stavebnice

actiefiguurtje

akční figurka

romper

dupačky

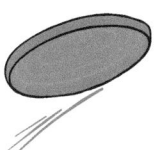

frisbee

frisbee

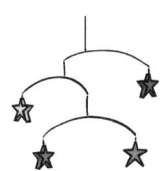

mobile

závěsné hračky nad
postýlku

bordspel

desková hra

dobbelsteen

kostky

modeltrein

modelová železnice

speen

dudlík

feestje

oslava

prentenboek

obrázková kniha

bal

míč

pop

panenka

spelen

hrát si

zandbak
pískoviště

schommel
houpačka

speelgoed
hračky

spelcomputer
hrací konzole

driewieler
tříkolka

teddybeer
medvídek

kleerkast
šatník

kleding
oblečení

sokken
ponožky

kousen
punčochy

panty
punčochové kalhoty

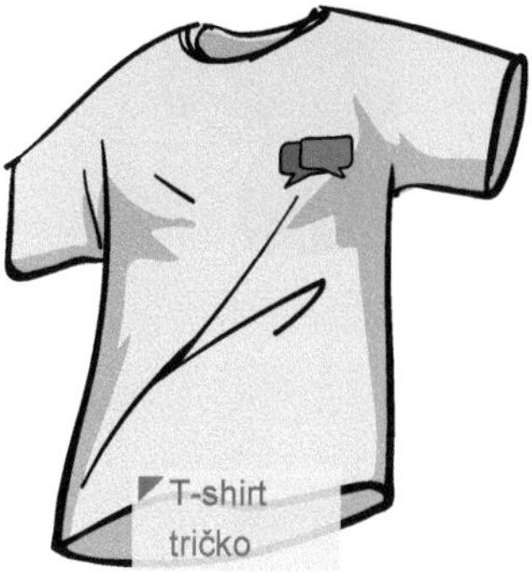

sjaal
šála

riem
pásek

paraplu
deštník

T-shirt
tričko

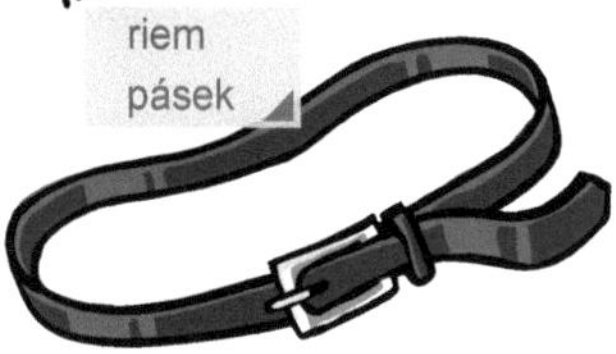

laarzen
kozačky

sportschoenen
tenisky

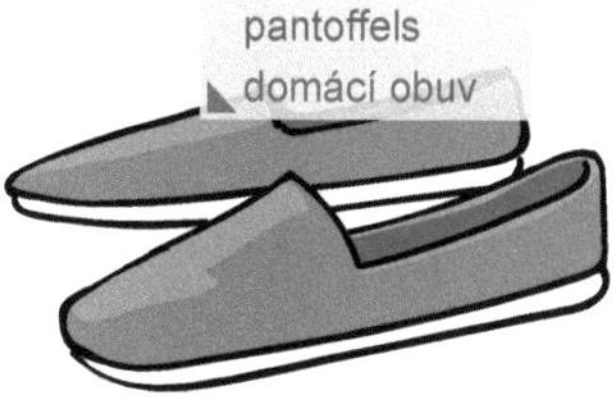

pantoffels
domácí obuv

sandalen
....
sandály

schoenen
....
obuv

rubberlaarzen
....
holínky

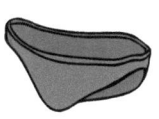

onderbroek
....
spodní prádlo

beha
....
podprsenka

onderhemd
....
nátělník

body

body

broek

kalhoty

spijkerbroek

džíny

rok

sukně

blouse

blůza

overhemd

košile

trui

svetr

hoody

mikina

blazer

blejzr

jas

bunda

mantel

kabát

regenjas

pláštěnka

kostuum

kostým

jurk

šaty

trouwjurk

svatební šaty

pak

oblek

nachthemd

noční košile

pyjama

pyžamo

sari

sárí

hoofddoek

šátek na hlavu

tulband

turban

boerka

burka

kaftan

kaftan

abaja

abája

zwempak

plavky

zwembroek

pánské plavky

korte broek

kraťasy

trainingspak

tepláková souprava

schort

zástěra

handschoenen

rukavice

knoop

knoflík

bril

brýle

armband

náramek

ketting

náhrdelník

ring

prsten

oorbel

náušnice

pet

čepice

kledinghanger

ramínko

hoed

klobouk

stropdas

kravata

rits

zip

helm

helma

bretels

kšandy

schooluniform

školní uniforma

uniform

uniforma

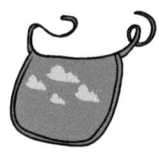

slabbetje
bryndák

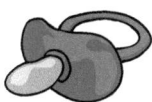

speen
dudlík

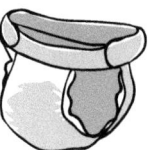

luier
plena

kantoor
kancelář

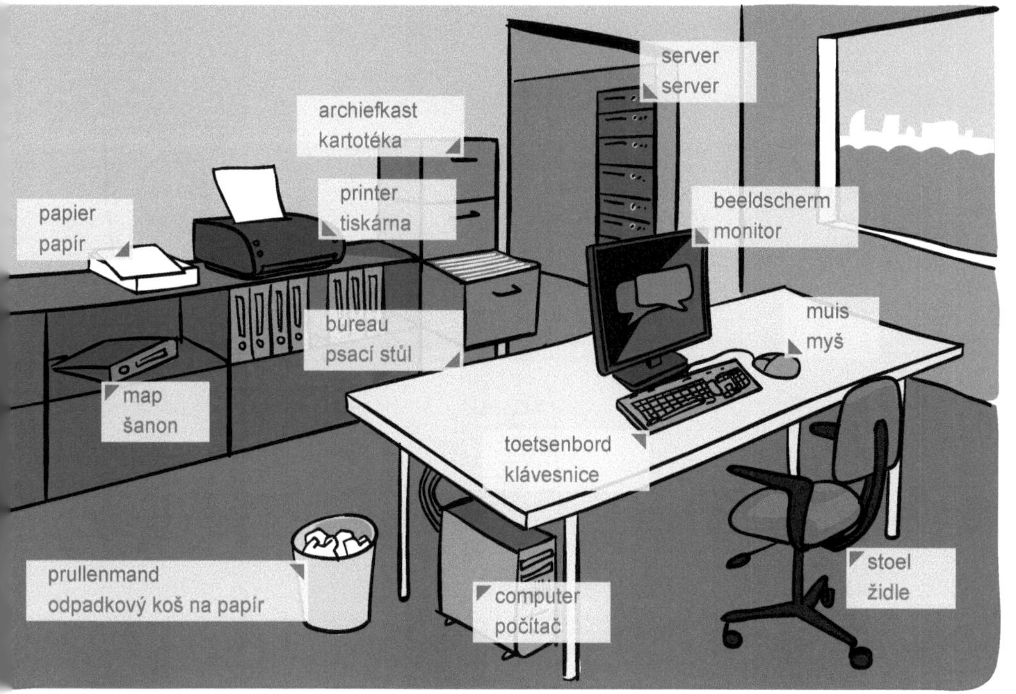
server
server
archiefkast
kartotéka
papier
papír
printer
tiskárna
beeldscherm
monitor
bureau
psací stůl
muis
myš
map
šanon
toetsenbord
klávesnice
prullenmand
odpadkový koš na papír
computer
počítač
stoel
židle

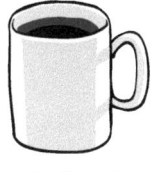

koffiemok
hrnek na kávu

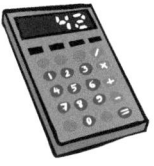

rekenmachine
kalkulačka

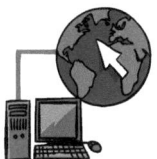

internet
internet

laptop

notebook

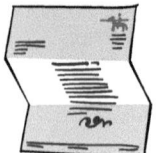

brief

dopis

bericht

zpráva

mobiele telefoon

mobil

netwerk

síť

kopieermachine

kopírka

software

software

telefoon

telefon

stopcontact

zásuvka

fax

fax

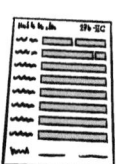

formulier

formulář

document

dokument

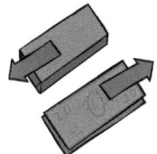

kopen

nakupovat

betalen

zaplatit

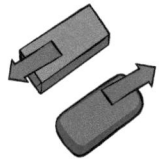

handel drijven

jednat

geld

peníze

USD

dollar

dolar

EUR

euro

euro

JPY

yen

jen

RUB

roebel

rubl

CHF

Zwitserse frank

frank

CNY

renminbi yuan

juan

INR

roepie

rupie

geldautomaat

bankomat

wisselkantoor

směnárna

goud

zlato

zilver

stříbro

olie

olej

energie

energie

prijs

cena

contract

smlouva

belasting

daň

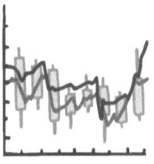

aandeel

akcie

werken

pracovat

werknemer

zaměstnanec

werkgever

zaměstnavatel

fabriek

továrna

winkel

obchod

beroepen
povolání

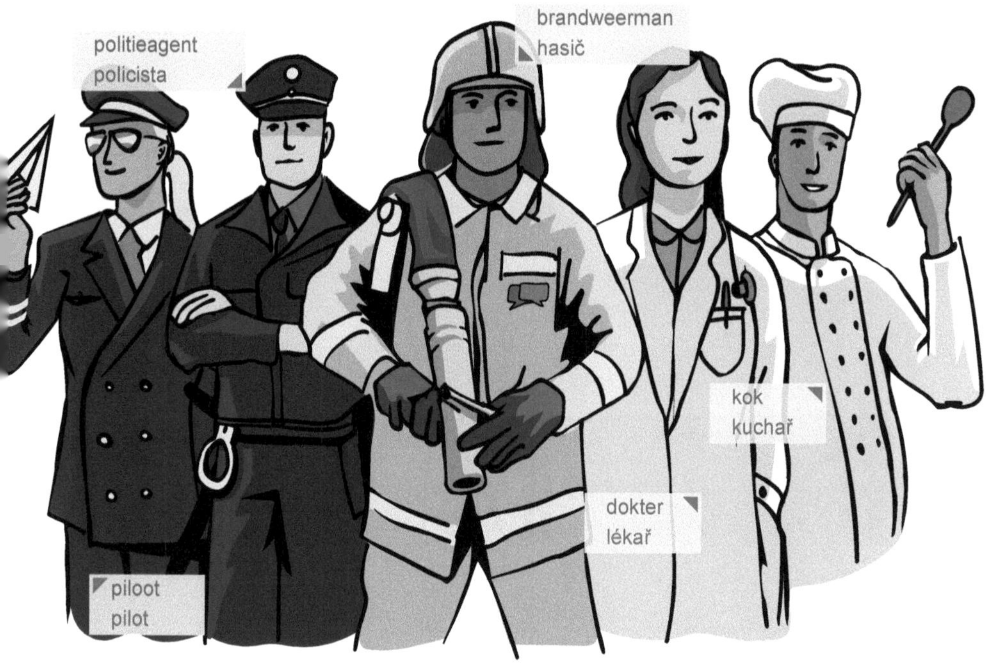
politieagent
policista
brandweerman
hasič
kok
kuchař
dokter
lékař
piloot
pilot

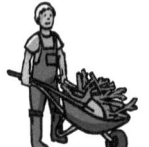

tuinman

zahradník

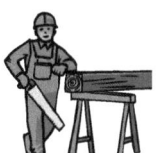

timmerman

truhlář

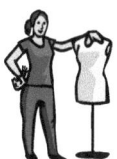

naaister

švadlena

rechter

soudce

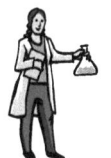

scheikundige

chemik

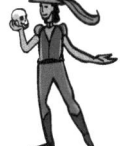

toneelspeler

herec

buschauffeur

řidič autobusu

taxichauffeur

řidič taxi

visser

rybář

schoonmaakster

uklízečka

dakdekker

pokrývač

ober

číšník

jager

myslivec

schilder

malíř

bakker

pekař

elektricien

elektrikář

bouwvakker

stavební dělník

ingenieur

inženýr

slager

řezník

loodgieter

klempíř

postbode

listonoš

beroepen - povolání

soldaat

voják

architect

architekt

kassier

pokladní

bloemist

florista

kapper

kadeřník

conducteur

průvodčí

monteur

mechanik

kapitein

kapitán

tandarts

zubař

wetenschapper

vědec

rabbi

rabín

imam

imám

monnik

mnich

pastoor

duchovní

gereedschap
nářadí

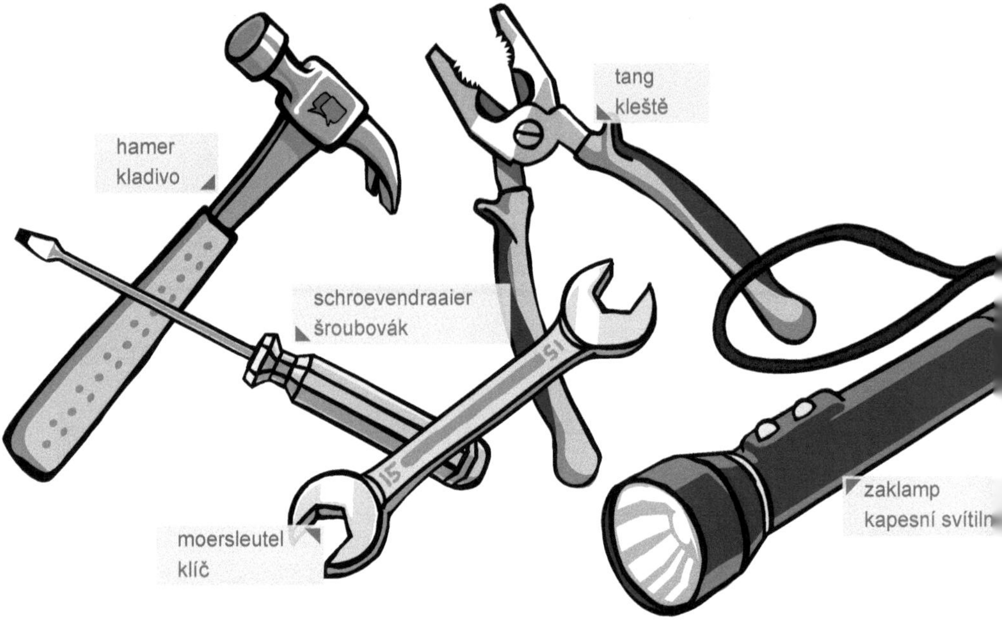
hamer
kladivo
tang
kleště
schroevendraaier
šroubovák
moersleutel
klíč
zaklamp
kapesní svítiln

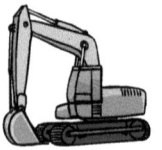

graafmachine

bagr

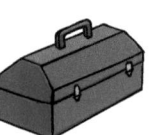

gereedschapskist

skříň na nářadí

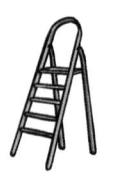

ladder

žebřík

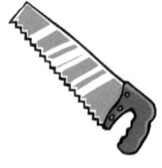

zaag

pila

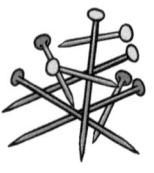

spijkers

hřebíky

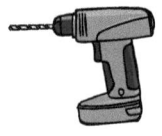

boor

vrtačka

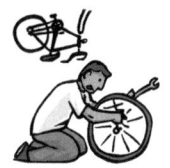

repareren

opravit

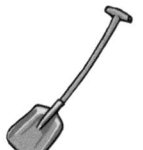

schep

lopata

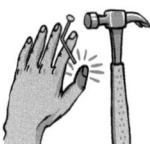

Verdorie!

Kurva!

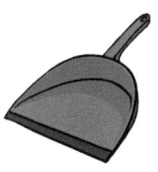

stofblik

lopatka

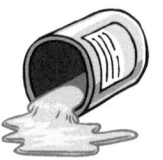

verfpot

vědroé na barvu

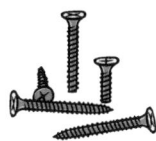

schroeven

šrouby

muziekinstrumenten
hudební nástroje

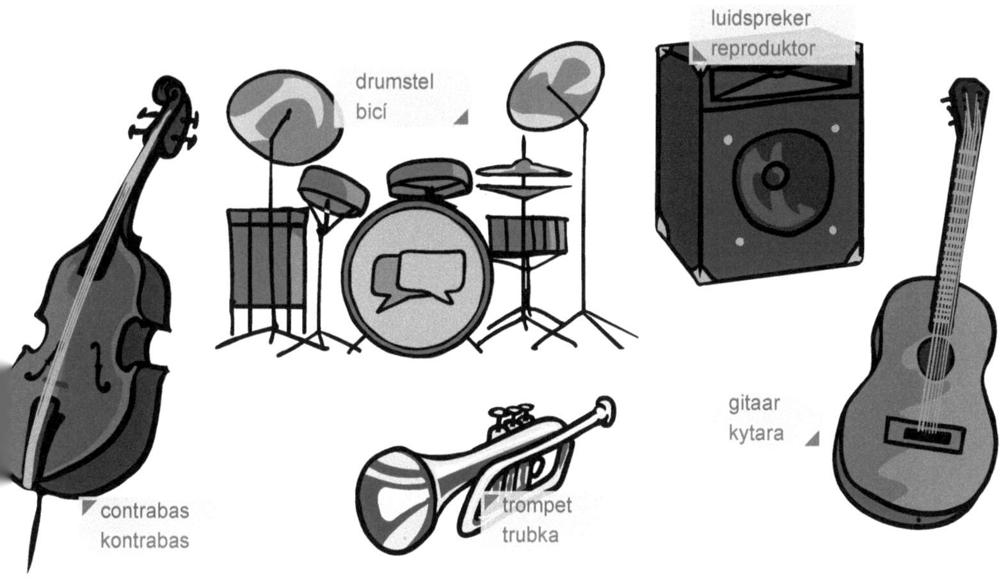
luidspreker
reproduktor
drumstel
bicí
gitaar
kytara
contrabas
kontrabas
trompet
trubka

piano

klavír

viool

housle

bas

basa

pauk

tympán

trommel

bubny

keyboard

keyboard

saxofoon

saxofon

fluit

flétna

microfoon

mikrofon

ingang
vstup

tijger
tygr

kooi
klec

zebra
zebra

dierenvoer
krmivo pro zvířata

panda
panda

dieren
zvířata

olifant
slon

kangoeroe
klokan

neushoorn
nosorožec

gorilla
gorila

beer
medvěd

kameel

velbloud

struisvogel

pštros

leeuw

lev

aap

opice

flamingo

plameňák

papegaai

papoušek

ijsbeer

lední medvěd

pinguïn

tučňák

haai

žralok

pauw

páv

slang

had

krokodil

krokodýl

dierenverzorger

ošetřovatel zvířat

zeehond

tuleň

jaguar

jaguár

pony

poník

luipaard

leopard

nijlpaard

hroch

giraffe

žirafa

adelaar

orel

wild zwijn

divoké prase

vis

ryby

schildpad

želva

walrus

mrož

vos

liška

gazelle

gazela

American football
americký fotbal

wielrennen
cyklistika

tennis
tenis

basketbal
košíková

zwemmen
plavání

boksen
box

ijshockey
lední hokej

voetbal
kopaná

badminton
badminton

atletiek
lehká atletika

handbal
házená

skiën
běh na lyžích

polo
vodní pólo

springen
skočit

lachen
smát se

knuffelen
objímat

lopen
jít

zingen
zpívat

dromen
snít

bidden
modlit se

kussen
políbit

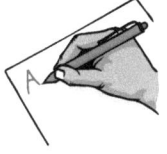

schrijven

psát

tekenen

kreslit

tonen

ukazovat

duwen

tlačit

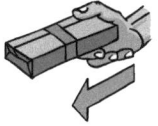

geven

dát

oppakken

vzít si

hebben
mít

doen
dělat

zijn
být

staan
stát

rennen
běhat

trekken
táhnout

gooien
hodit

vallen
padat

liggen
ležet

wachten
čekat

dragen
nosit

zitten
sedět

aankleden
oblékat

slapen
spát

wakker worden
vzbudit se

bekijken

prohlédnout si

huilen

plakat

strelen

pohladit

kammen

česat

praten

hovořit

begrijpen

rozumět

vragen

ptát se

horen

slyšet

drinken

pít

eten

jíst

opruimen

uklidit

houden van

milovat

koken

vařit

rijden

jet

vliegen

letět

zeilen

plachtit

rekenen

počítat

lezen

číst

leren

učit se

werken

pracovat

trouwen

vzít si

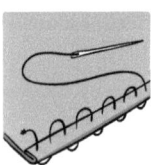

naaien

šít

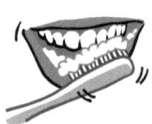

tandenpoetsen

čistit si zuby

doden

zabít

roken

kouřit

verzenden

poslat

grootmoeder
babička

grootvader
dědeček

vader
otec

moeder
matka

baby
dítě

dochter
dcera

zoon
syn

gast

host

tante

teta

oom

strýc

broer

bratr

zus

sestra

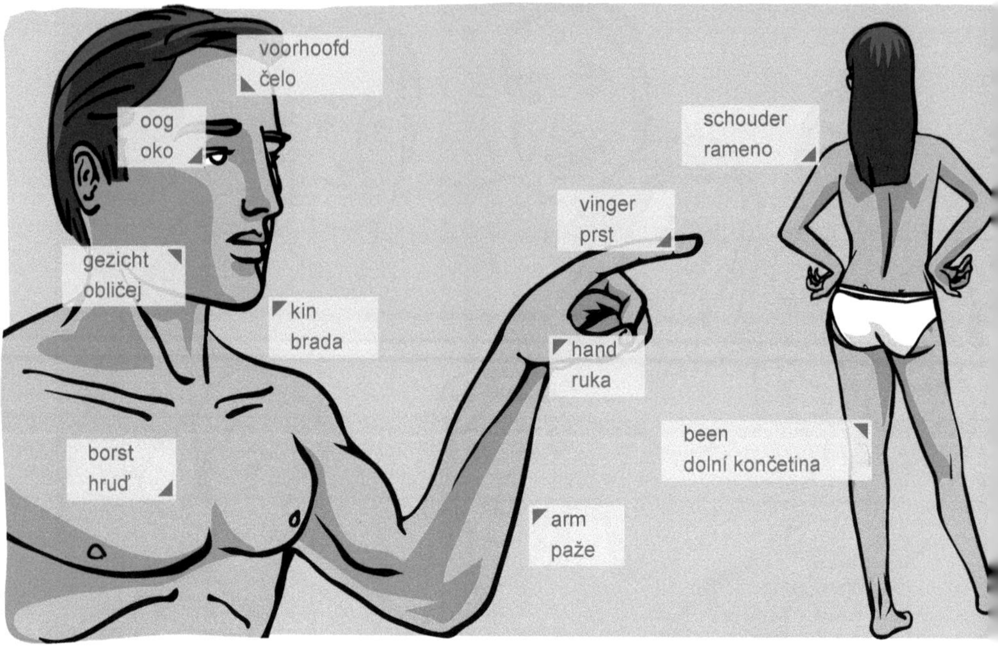

voorhoofd
čelo

oog
oko

schouder
rameno

vinger
prst

gezicht
obličej

kin
brada

hand
ruka

borst
hruď

been
dolní končetina

arm
paže

baby
dítě

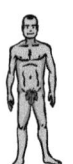

man
muž

vrouw
žena

meisje
dívka

jongen
chlapec

hoofd
hlava

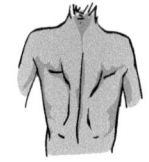

rug
....
záda

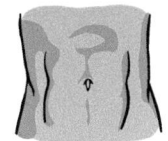

buik
....
břicho

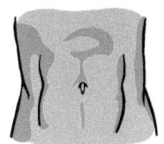

navel
....
pupík

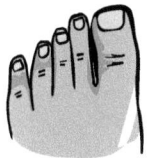

teen
....
prst na noze

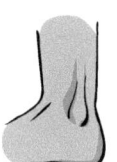

hiel
....
pata

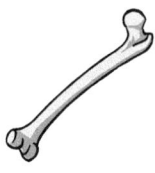

bot
....
kost

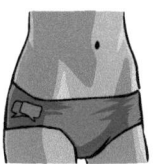

heup
....
bok

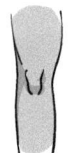

knie
....
koleno

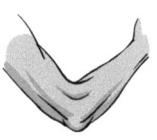

elleboog
....
loket

neus
....
nos

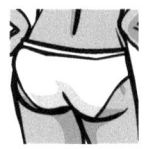

achterwerk
....
zadek

huid
....
kůže

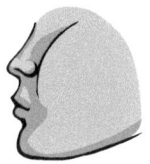

wang
....
tvář

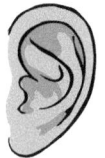

oor
....
ucho

lippen
....
ret

mond

ústa

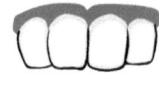

tand

zub

tong

jazyk

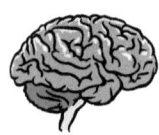

hersenen

mozek

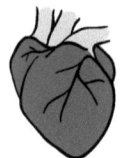

hart

srdce

spier

sval

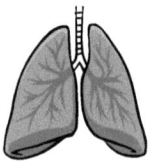

long

plíce

lever

játra

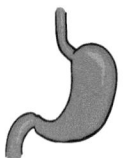

maag

žaludek

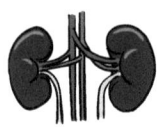

nieren

ledviny

geslachtsgemeenschap

pohlavní styk

condoom

kondom

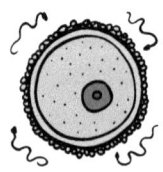

eicel

vajíčko

sperma

sperma

zwangerschap

těhotenství

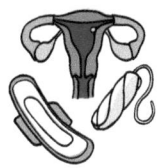

menstruatie

menstruace

vagina

vagina

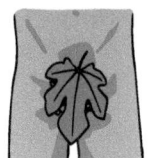

penis

penis

wenkbrauw

obočí

haar

vlasy

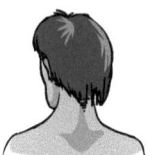

hals

krk

ziekenhuis
nemocnice

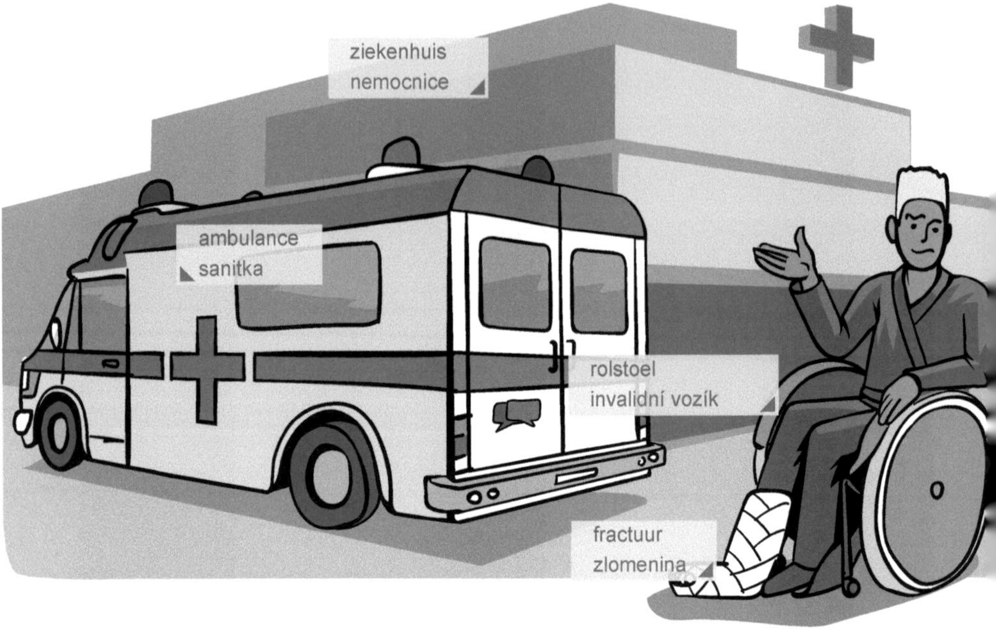

ziekenhuis
nemocnice
ambulance
sanitka
rolstoel
invalidní vozík
fractuur
zlomenina

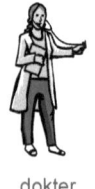

dokter
lékař

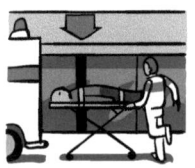

EHBO
pohotovost

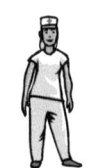

verpleegster
zdravotní sestra

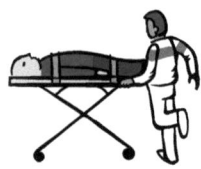

noodgeval
urgentní případ

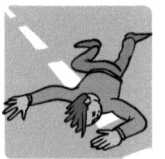

bewusteloos
v bezvědomí

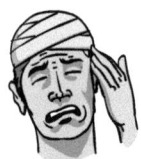

pijn
bolest

verwonding

úraz

bloeding

krvácení

hartaanval

infarkt myokardu

beroerte

cévní mozková příhoda

allergie

alergie

hoest

kašel

koorts

horečka

griep

chřipka

diarree

průjem

hoofdpijn

bolest hlavy

kanker

rakovina

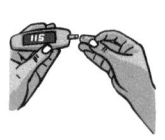

diabetes

cukrovka

chirurg

chirurg

scalpel

skalpel

operatie

operace

CT
CT

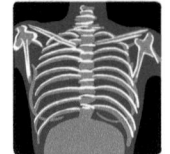

röntgen
rentgen

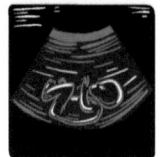

echografie
ultrazvuk

gezichtsmasker
maska

ziekte
nemoc

wachtkamer
čekárna

kruk
berle

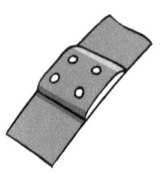

pleister
náplast

verband
obvaz

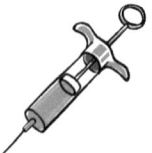

injectie
injekce

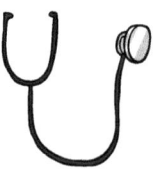

stethoscoop
stetoskop

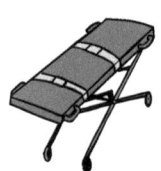

brancard
nosítka

thermometer
teploměr

geboorte
porod

overgewicht
nadváha

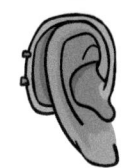

gehoorapparaat

naslouchátko

ontsmettingsmiddel

dezinfekční prostředek

infectie

infekce

virus

virus

HIV / AIDS

HIV / AIDS

medicijn

lékařství

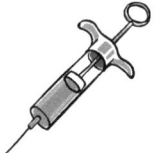

inenting

očkování

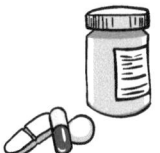

tabletten

tablety

pil

pilulka

alarmnummer

tísňové volání

bloeddrukmeter

tonometr

ziek / gezond

nemocný / zdravý

Help!

Pomoc!

alarm

poplach

overval

přepadení

aanval

napadení

gevaar

nebezpečí

nooduitgang

nouzový východ

Brand!

Hoří!

brandblusser

hasicí přístroj

ongeluk

nehoda

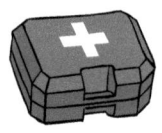

EHBO-koffer

zdravotnická brašna

SOS

SOS

politie

policie

Europa

Evropa

Noord-Amerika

Severní Amerika

Zuid-Amerika

Jižní Amerika

Afrika

Afrika

Azië

Asie

Australië

Austrálie

Atlantische Oceaan

Atlantik

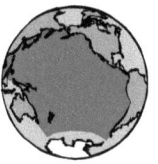

Stille Oceaan

Pacifik

Indische Oceaan

Indický oceán

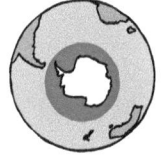

Zuidelijke Oceaan

Jižní ledový oceán

Noordelijke IJszee

Severní ledový oceán

Noordpool

severní pól

Zuidpool

jižní pól

Antarctica

Antarktida

aarde

země

land

pevnina

zee

moře

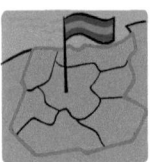

eiland

ostrov

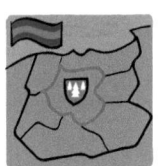

natie

národ

staat

stát

wijzerplaat
ciferník

uurwijzer
hodinová ručička

minutenwijzer
minutová ručička

secondewijzer
vteřinová ručička

Hoe laat is het?
Kolik je hodin?

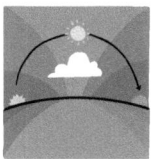

dag
den

tijd
čas

nu
teď

digitaal horloge
digitální hodinky

minuut
minuta

uur
hodina

week
týden

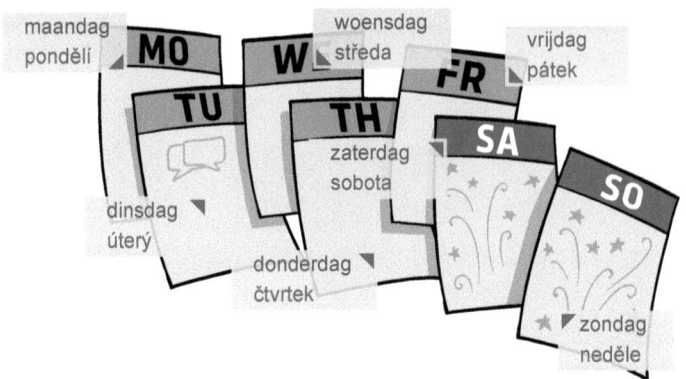

maandag / pondělí — MO
woensdag / středa — W
vrijdag / pátek — FR
dinsdag / úterý — TU
donderdag / čtvrtek — TH
zaterdag / sobota — SA
zondag / neděle — SO

gisteren
včera

vandaag
dnes

morgen
zítra

ochtend
ráno

middag
poledne

avond
večer

werkdagen
pracovní dny

weekend
víkend

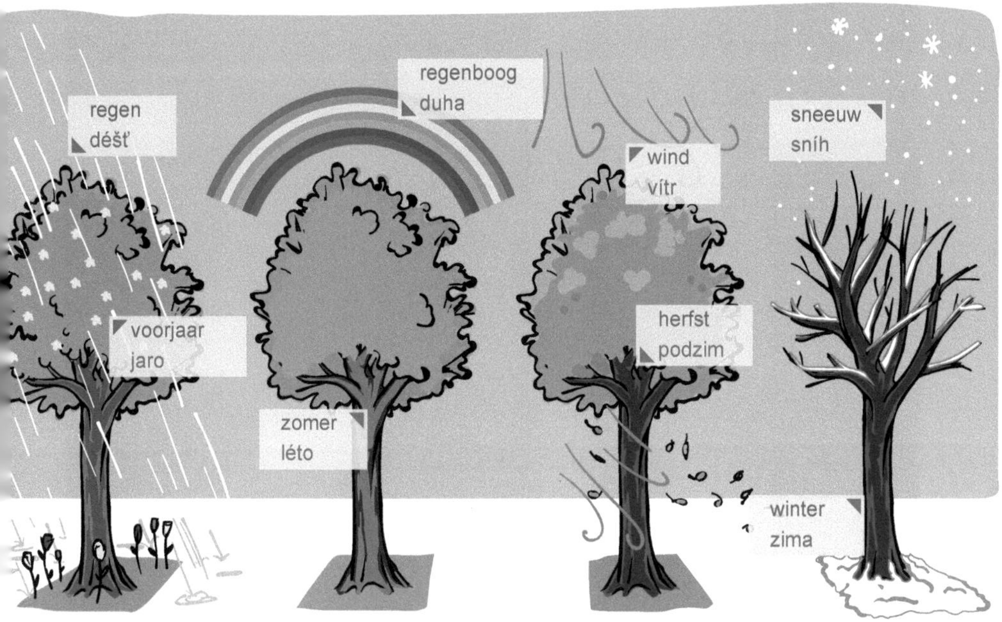

regen
déšť
regenboog
duha
wind
vítr
sneeuw
sníh
voorjaar
jaro
zomer
léto
herfst
podzim
winter
zima

4.APRIL 11°
5.APRIL 4°
6.APRIL 13°
7.APRIL 8°
8.APRIL 10°

weerbericht
předpověď počasí

F
C
120
90
60
30
0
-30
40
30
20
10
0
-10
-20

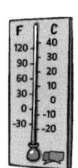

thermometer
teploměr

zonneschijn
sluneční svit

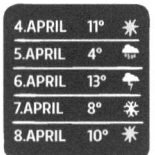

wolk
mrak

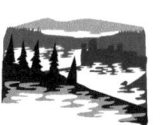

mist
mlha

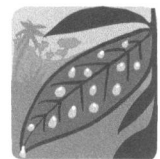

luchtvochtigheid
vlhkost

bliksem

blesk

donder

hrom

storm

bouřka

hagel

kroupy

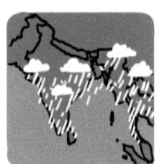

moesson

monzun

overstroming

povodeň

ijs

led

januari

leden

februari

únor

maart

březen

april

duben

mei

květen

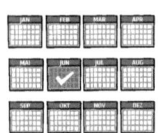

juni

červen

juli

červenec

augustus

srpen

september
....
září

oktober
....
říjen

november
....
listopad

december
....
prosinec

vormen
tvary

cirkel
....
kruh

vierkant
....
čtverec

rechthoek
....
obdélník

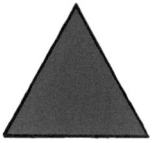

driehoek
....
trojúhelník

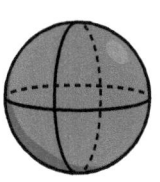

bol
....
koule

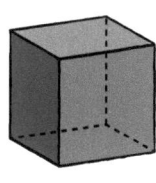

kubus
....
krychle

wit

bílá

geel

žlutá

oranje

oranžová

roze

růžová

rood

červená

paars

fialová

blauw

modrá

groen

zelená

bruin

hnědá

grijs

šedá

zwart

černá

veel / weinig

hodně / málo

boos / rustig

rozzuřený / mírumilovný

mooi / lelijk

krásný / ošklivý

begin / einde

začátek / konec

groot / klein

velký / malý

licht / donker

světlý / tmavý

broer / zus

bratr / sestra

schoon / vies

čistý / špinavý

volledig / onvolledig

úplný / neúplný

dag/ nacht

den / noc

dood / levend

mrtvý / živý

breed / smal

široký / úzký

eetbaar / oneetbaar

jedlý / nejedlý

gemeen / aardig

zlý / hodný

opgewonden / verveeld

vzrušený / znuděný

dik / dun

tlustý / hubený

eerste / laatste

nejdříve / naposledy

vriend / vijand

přítel / nepřítel

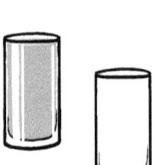

vol / leeg

plný / prázdný

hard / zacht

tvrdý / měkký

zwaar / licht

těžký / lehký

honger / dorst

hlad / žízeň

ziek / gezond

nemocný / zdravý

illegaal / legaal

ilegální / legální

intelligent / dom

inteligentní / hloupý

links / rechts

vlevo / vpravo

dichtbij / ver

blízko / daleko

tegenstellingen - protiklady

nieuw / gebruikt

nový / použitý

niets / iets

nic / něco

oud / jong

starý / mladý

aan / uit

zapnutý / vypnutý

open / gesloten

otevřeno / zavřeno

zacht / luid

tichý / hlasitý

rijk / arm

bohatý / chudý

goed / fout

správný / špatný

ruw / glad

drsný / hladký

verdrietig / gelukkig

smutný / šťastný

kort / lang

krátký / dlouhý

langzaam / snel

pomalý / rychlý

nat / droog

vlhký / suchý

warm / koel

teplý / chladný

oorlog / vrede

válka / mír

tegenstellingen - protiklady

čísla

0

nul

nula

1

één

jedna

2

twee

dva

3

drie

tři

4

vier

čtyři

5

vijf

pět

6

zes

šest

7

zeven

sedm

8

acht

osm

9

negen

devět

10

tien

deset

11

elf

jedenáct

12

twaalf

dvanáct

13

dertien

třináct

14

veertien

čtrnáct

15

vijftien

patnáct

16

zestien

šestnáct

17

zeventien

sedmnáct

18

achttien

osmnáct

19

negentien

devatenáct

20

twintig

dvacet

100

honderd

sto

1.000

duizend

tisíc

1.000.000

miljoen

milion

getallen - čísla

Engels

angličtina

Amerikaans Engels

americká angličtina

Chinees Mandarijn

standardní čínština

Hindi

hindština

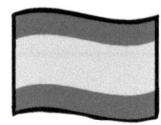

Spaans

španělština

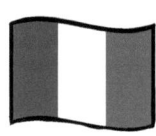

Frans

francouzština

Arabisch

arabština

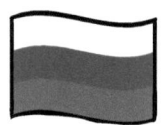

Russisch

ruština

Portugees

portugalština

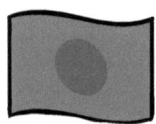

Bengalees

bengálština

Duits

němčina

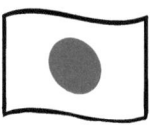

Japans

japonština

ik

já

jij

ty

hij / zij / het

on / ona / ono

wij

my

jullie

vy

zij

oni

wie?

Kdo?

wat?

Co?

hoe?

Jak?

waar?

Kde?

wanneer?

Kdy?

naam

jméno

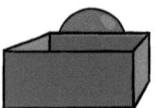

achter

za

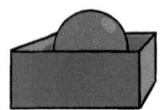

in

do

voor

z

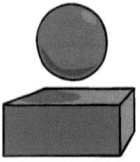

boven

nad

op

na

onder

mezi

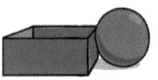

naast

vedle

tussen

mezi

plaats

místo